BEI GRIN MACHT SICH IHR WISSEN BEZAHLT

AF144602

- Wir veröffentlichen Ihre Hausarbeit,
  Bachelor- und Masterarbeit

- Ihr eigenes eBook und Buch -
  weltweit in allen wichtigen Shops

- Verdienen Sie an jedem Verkauf

Jetzt bei www.GRIN.com hochladen und kostenlos publizieren

Anne-Barbara Knerr

Die Architektur des Andrea Palladio. Die Villa Barbaro

GRIN Verlag

Bibliografische Information der Deutschen Nationalbibliothek:

Die Deutsche Bibliothek verzeichnet diese Publikation in der Deutschen National-
bibliografie; detaillierte bibliografische Daten sind im Internet über http://dnb.d-
nb.de/ abrufbar.

Impressum:

Copyright © 2002 GRIN Verlag GmbH
Druck und Bindung: Books on Demand GmbH, Norderstedt Germany
ISBN: 978-3-656-22913-1

Dieses Buch bei GRIN:

http://www.grin.com/de/e-book/33388/die-architektur-des-andrea-palladio-die-villa-
barbaro

GRIN - Your knowledge has value

Der GRIN Verlag publiziert seit 1998 wissenschaftliche Arbeiten von Studenten, Hochschullehrern und anderen Akademikern als eBook und gedrucktes Buch. Die Verlagswebsite www.grin.com ist die ideale Plattform zur Veröffentlichung von Hausarbeiten, Abschlussarbeiten, wissenschaftlichen Aufsätzen, Dissertationen und Fachbüchern.

Besuchen Sie uns im Internet:

http://www.grin.com/

http://www.facebook.com/grincom

http://www.twitter.com/grin_com

UNIVERSITÄT KOBLENZ · LANDAU
ABTEILUNG LANDAU

Institut für Kunstwissenschaft und Bildende Kunst

WS 2001/02

Proseminar: Einführung in das Studium der
Architekturgeschichte

Thema: **Andrea Palladio: Die Villa Barbaro**

Studentin: Anne-Barbara Knerr

Studiengang: Magistra Artium, 3. Semester

Abgabetermin: 14. 1. 2002

Inhalt

1 Andrea Palladio – sein Leben

Andrea di Pietro della Gondola (*1508 in Padua, †1580 in Vicenza oder Maser) wurde im Alter von dreizehn Jahren bei einem Steinmetz in Padua in die Lehre gegeben, floh aber drei Jahre später, 1524, nach Vicenza und ließ sich dort nieder. Dort war er vierzehn Jahre lang bei den Steinbildhauern Giovanni und Girolamo, genannt da Pedemuro, tätig, die die meisten Skulpturen dieser Zeit in Vicenza schufen. Im Alter von dreißig Jahren wurde er beauftragt, an einer neuen Loggia und anderen Ergänzungsbauten einer Villa in Cricoli bei Vicenza zu arbeiten. Sein Auftraggeber war Conte Giangiorgo Trissino (1478-1550), dessen Villa das erste Bauwerk in Vicenza war, das im klassischen Stil der Renaissance errichtet wurde. Trissino war ein sehr gebildeter Mann, der sein Wissen gerne weitergab und deswegen einige Studenten in sein Haus aufgenommen hatte. Als Trissino Andrea im Laufe der Bauarbeiten besser kennenlernte, beschloss er, auch ihn aufzunehmen und zusammen mit den jüngeren Aristokraten zu erziehen. Um Andreas Rangerhöhung zu unterstreichen, verlieh Trissino ihm den Namen Palladio, der an die Weisheit von Pallas Athene erinnern sollte.

Da Palladio schon dreißig war, war es nicht mehr möglich, ihm eine umfassende humanistische Bildung zukommen zu lassen. Trissino gab ihm nur zu lesen, was mit Architektur, Konstruktion, alter Topographie und Militärwissenschaft zu tun hatte. So wurde aus ihm ein „partieller Humanist", ein Vorläufer des modernen Experten, und kein uomo universale.

Als Trissino 1538 Vicenza verließ, um drei Jahre in Padua zu verbringen, hat Palladio in möglicherweise begleitet und lernte dort Alvise Cornaro kennen. Dieser war in Padua eine wichtige Persönlichkeit, ein großzügiger Mäzen und Gelehrter, aber eher ein Mann der Tat als ein Theoretiker. Er hatte eine Abneigung gegenüber Vitruv (s. 2.1) und den humanistischen Theoretikern, weil sie kein Konzept für ein bequemes, preiswertes und gesundes Haus vorweisen konnten, wie es eigentlich

jeder braucht. Cornaro machte sich viele Gedanken über prag-
matische Lösungen, er schlug z. B. vor, aus Gründen der Er-
sparnis und der leichteren Reparatur wegen die Tür- und Fens-
terrahmenprofile aus Terrakotta anstatt aus Stein zu machen.
Außerdem war Cornaro der einzige Theoretiker der Renaissance,
der vorschlug, auf alle traditionellen Ornamente an den Fassaden zu verzichten. Seine Auffassungen standen also in star-
kem Kontrast zu Trissinos aristokratischem Humanismus. Palladio nahm auch diese Einflüsse an.
Ein weiterer wichtiger Einfluss auf Palladio kam von Sebasti-
ano Serlio, einem Theoretiker aus Bologna, der sich 1539 in
Vicenza aufhielt. Ob er und Palladio sich begegnet sind, ist
unklar. Jedenfalls veröffentlichte Serlio sieben Bücher über
Architektur, die ersten gedruckten Bücher, in denen nicht das
Wort, sondern das Bild der wichtigste Informationsträger war.
Serlio entwarf moderne Gebäude.
Palladio unternahm mehrere Romreisen, wo er antike Bauwerke
studierte und vermaß. 1554 veröffentlichte er das Werk
„L'Antichità di Roma". Bezeichnenderweise schreibt Ackerman
zu diesem Werk: „Palladios Erfindungskraft ist freilich ein-
drucksvoller als seine Genauigkeit."[1] Es ging Palladio eben
nicht unbedingt um Wissenschaftlichkeit im Sinne unserer heu-
tigen Archäologie. Antike Bauwerke inspirierten ihn und tru-
gen dadurch zur Findung seines persönlichen Stils bei.
1555 wurde die Accademia Olimpica in Vicenza von 21 Gelehrten
gegründet, um die Wissenschaft und die Kunst zu pflegen. Palladio war Gründungsmitglied.
1570 veröffentlichte er das Werk „I Quattro Libri dell'
Architettura". Der erste Teil behandelt die Grundlagen der
Architektur und der Ordnungen, der zweite den Hausbau, der
dritte die öffentlichen Bauten, den Städtebau und den Ingeni-
eurbau, der vierte die Tempel. Palladio richtete sich hier an
den Praktiker.
In Venedig hatte Palladio keinen leichten Start, da sein Ri-
vale Sansovino sich dort bereits etabliert hatte. Deswegen

---

[1] Ackerman, 1980, S. 148

baute Palladio vor Sansovinos Tod 1570 dort nur Kirchen. Ab diesem Zeitpunkt aber erhielt er die besten öffentlichen und privaten Aufträge in Venedig, obwohl er kein offizielles Amt einnahm. 1570/71 übersiedelte er mit seiner Familie dorthin. Im folgenden Jahr, 1572, verlor er seine beiden ältesten Söhne und gab dann seine Studien und seinen schriftstellerischen Ehrgeiz auf. In Venedig wurde mit Ausnahme von Il Redentore keines seiner zahlreichen Projekte gemäß seinem Entwurf ausgeführt.[2]

Gestorben ist er am 19.8.1580 über den Arbeiten am Tempietto der Villa Barbaro entweder in Vicenza oder in Maser bei der Beaufsichtigung der Bauarbeiten.

Er soll ein sehr umgänglicher Mensch gewesen sein, der es mit den adligen Bauherren ebenso gut konnte wie mit den einfachen Bauarbeitern. Man kann ihn als „alten Meister der Mitarbeitermotivation" bezeichnen.

Es ist kein gesichertes Porträt von ihm erhalten, so dass man leider nicht weiß, wie er überhaupt ausgesehen hat.[3]

Zusammenfassend ist festzuhalten, dass Palladio fähig war, viele sehr verschiedene Einflüsse zu vereinbaren:

- Als Steinmetz und Bildhauer brachte er eine Menge handwerkliches Geschick und ein Gefühl für den Umgang mit Stein mit.
- Durch seinen ersten Gönner Trissino erhielt er eine humanistisch/aristokratische Bildung.
- Sein zweiter Gönner Cornaro lehrte ihn Sparsamkeit und Funktionalität.
- Durch den Einfluss Serlios lernte er moderne Entwürfe kennen.
- Bei mehreren Romreisen erforschte er die Architektur der Antike.

---

[2] Alles bisher Geschriebene findet sich bei Ackerman, 1980, S. 9-23
[3] Wundram/Pape, 1988, S. 9

2 Wichtige Voraussetzungen für die Entstehung der Villa Barbaro

Gebäude wie die Villa Barbaro entstanden nicht im luftleeren Raum. Es fanden vorher wichtige Entwicklungen statt, deren Kenntnis für das Verständnis eines solchen Bauwerkes unerlässlich sind und auf die deswegen im Folgenden näher eingegangen werden soll:

2.1 Vitruv und seine Bedeutung für die Architektur der Renaissance

Vitruv lebte von um 84 bis um 20-10 v. Chr. Er war römischer Architekt, Heeres- und Wasserbauingenieur und Kunsttheoretiker. Als Heeresingenieur diente er unter Caesar und Augustus. Sein Lehrbuch „De architectura libri X", das er um 33-22 v. Chr. verfasste und Augustus widmete, ist das einzige aus der Antike erhaltene über Architektur und Technik. Wichtig waren ihm Ordnung, Symmetrie, Eurhythmie, Wahrung des „Decor", fehlerfreies Aussehen der Bauwerke und die Kennzeichnung der klassischen Säulenordnungen. „De architectura libri X" ging in die Architekturtheorie der italienischen Renaissance ein. Da es im lateinischen Urtext Vieldeutigkeiten gibt, gab es damals zahlreiche individuelle Interpretationen und es erschienen immer neue Vitruvausgaben mit Kommentaren.[4]

2.2 Die venezianische Handelskrise im 16. Jahrhundert

Um 1500 war der überwiegende Teil der venezianischen Bevölkerung in irgendeiner Form vom Seehandel abhängig: Entweder verkaufte man importierte Waren oder verarbeitete sie für die venezianische Luxusindustrie weiter. Man führte sogar das Ge-

---

[4] Lexikon der Kunst, Bd. VII, 1994, S. 648-650

treide ein, während fruchtbare Felder auf der Terraferma vor
den Toren der Stadt versumpften.

1453 begann sich mit dem Verlust Konstantinopels an die Türken eine Krise des Seehandels abzuzeichnen. Die Venezianer
wurden durch die Türken zunehmend aus ihren angestammten Han-
delsmetropolen im östlichen Mittelmeer zurückgedrängt. Als
1497/98 der Portugiese Vasco da Gama einen direkten Seeweg
nach Indien fand, nahm die Handelskrise bedrohliche Ausmaße
an: Die venezianischen Karawanenstraßen verloren ihre Bedeutung.

Schließlich zog auch noch die Liga von Cambrai gegen Venedig;
durch die hohen Kriegskosten drohten Venedigs finanzielle
Quellen zu versiegen.

Die Arbeitslosenzahlen nahmen rapide zu, es kam zu Engpässen
in der Getreideversorgung. Die Inflation zwischen 1400 und
1580 betrug 50%.

Als 1523 Andrea Gritti sein Amt als Doge von Venedig annahm,
war die Lage bedenklich. Er entschloss sich zu einer konse-
quenten Neuordnung der Terraferma, die einigermaßen verwahr-
lost war. Von 800 000 Feldern waren 200 000 nicht mehr land-
wirtschaftlich nutzbar.

Als erstes löste Gritti das Veneto aus der habsburgischen
Lehnshoheit aus, die ihn zum Herzog der Venedig umgebenden
Festlandsprovinzen machte. Dann trieb er die Trockenlegung
der Sümpfe voran. Es wurde ein umfassendes Be- und Entwässe-
rungssystem geschaffen, das sowohl wasserarmen als auch was-
serreichen Gebieten zugute kam. Schließlich stellte die venezianische Regierung Gerätschaften, sachkundige Experten, Kre-
dite und Steuererleichterungen für alle bereit, die Landwirtschaft betreiben wollten.

Auch im Denken vieler Venezianer vollzog sich ein Wandel: Es
begann eine Art metaphysische Verklärung der Landwirtschaft.
Ganz vorne dabei war Alvise Cornaro, der zweite Gönner Palladios. Die Handelsunternehmungen der Cornaro waren in der all-
gemeinen Krise zusammengebrochen. Alvise orientierte sich zur
Landwirtschaft hin, ließ sich bei Padua nieder, vergrößerte

innerhalb kurzer Zeit seinen Landbesitz immens und zog große Gewinne daraus. Er trieb die Ausrichtung Venedigs auf die Landwirtschaft voran, 1556 entstand sogar eine Behörde für brachliegende Ländereien. Cornaro verlieh der Landwirtschaft sakralen Charakter, er nannte sie in seinen Schriften die „santa agricoltura".

Es waren hauptsächlich adlige Venezianer, die sich von 1530-1560 auf der Terraferma niederließen.[5] Das ist nicht weiter verwunderlich, wenn man bedenkt, was für eine Revolution der Landwirtschaft hier eingeleitet wurde: So etwas konnte nicht mit einfachen Bauern bewerkstelligt werden – man brauchte fähige Verwalter, die in der Nähe sein mussten, um die Arbeiten zu leiten. Hier brauchten sie Häuser für ihre Familien, das Gesinde und das Vieh, Häuser, für die es keine mittelalterliche Bautradition gab. Diese Gebäude mussten funktional, preiswert und großzügig sein, Landsitze von Herren, die wie Stadtbewohner dachten, die nicht einfach in irgendeinem Bauernhaus leben wollten. Der Mensch, der solche Häuser bauen konnte, war Palladio.[6]

2.3 Die Villa als ideale Lebensform

Die Villa, ein ländlicher Bau für den Städter, war seit der Antike Bauaufgabe und Lebensform. Sie entstand als Eigenschöpfung der Architektur im zweiten Jahrhundert v. Chr. Schon damals legte man großen Wert auf die Einfügung in die umgebende Natur und die Schaffung zugehöriger Garten- und Parkanlagen. Die Römer betrieben dort Landwirtschaft mit Sklavenhaltung. Der Dichter Francesco Petrarca (1304-1374) griff das Ideal des Villenlebens wieder auf (diesmal natürlich ohne Sklaven) und lobte das Landleben. Die Stadt mit ihrer Unruhe, ihren Lastern und Sünden sei dem geistigen Leben nicht zuträglich. Wer geistig tätig werden wolle, müsse in die Natur.

---

[5] Wundram/Pape, 1988, S. 118-126
[6] Ackerman, 1980, S. 40 f

Dies leitete das Wiederaufleben der Villenkultur im Italien des 15. Jahrhunderts ein, das sich zusätzlich auf antike Bautraditionen und Vitruv berief. Man wollte sich ein Arkadien schaffen, eins mit der Natur werden. Durch Palladio entstand schließlich im Veneto ein regelrechtes Villenparadies. Die Idee der idealen Lebensform der Villa verbreitete sich daraufhin von Italien ausgehend über ganz Europa.[7]

3 Die Villa Barbaro in Maser

Die Villa muss um 1557/58 fertiggestellt worden sein und befindet sich in Maser in der Nähe von Treviso, nördlich von Venedig im Alpenvorland.

Der Auftraggeber dieser Villa war Daniele Barbaro (1513–1570). Er gehörte dem geistlichen Stande an und nahm als Patriarch von Aquileia am Konzil von Trient (1545–63) teil,[8] durch das sich der Katholizismus klar von evangelischen Lehren abhob und grundlegend reorganisiert wurde.[9] Daniele war Verfasser einer Vitruv-Ausgabe mit Kommentar, zu der Palladio die Zeichnungen beisteuerte.[10] Außerdem war Daniele Humanist, die Verbindung von Christentum und Humanismus war ihm ein großes Anliegen. Oft gab er sogar seinen humanistischen Interessen den Vorzug vor seinen amtlichen Verpflichtungen. Er war mit Alvise Cornaro, dem Förderer des „heiligen Ackerbaus" und Palladios, eng befreundet.[11]

Die Villa Barbaro liegt auf halber Höhe eines sanft ansteigenden Hügels. Sie ist vollkommen symmetrisch angelegt. In der Mitte befindet sich das Herrenhaus, rechts und links davon zwei Wirtschaftsflügel.

3.1 Das Herrenhaus

---

[7] Lexikon der Kunst, Bd. VII, 1994, S. 633– 635
[8] Wundram/Pape, 1988, S. 126
[9] dtv-Atlas Weltgeschichte, Band 1, 2000, S. 239
[10] Ackerman, 1980, S. 17
[11] Wundram/Pape, 1988, S. 126

Das zweigeschossige Herrenhaus in der Mitte steht im rechten
Winkel zu den Wirtschaftsflügeln und bildet die Symmetrieachse des Anwesens. Es tritt weit vor die Wirtschaftsflügel, die
stark zurückgesetzt sind. Außerdem ist seine Front noch durch
einige Attribute als piano nobile ausgewiesen: Vier Säulen
ionischer Kolossalordnung mit attischer Basis gliedern die
Frontansicht in drei Achsen gleicher Breite. Dies ist ein von
der antiken Tempelarchitektur auf den Profanbau übertragenes
Motiv.[12] Palladio war der Auffassung, dass das Haus dem Tempel vorausging und ihm seine Form gab. Er setzte sich deshalb
über Grenzen zwischen Sakral- und Profanbau hinweg und sah
beides als Einheit.[13] Hier irrte sich Palladio auf produktive
Weise: Die Tempelattribute unterstreichen den hohen Stellen-
wert des Landhauses und tragen zu seiner Sakralisierung bei.
Man wollte dem Landsitz die höchste Form geben, da er für den
Rückzug aus dem Hexenkessel der Stadt stand. Diese Übertra-
gung von sakralen Motiven der Antike auf den Profanbau ge-
schah hier, bei der Villa Barbaro, zum ersten Mal.[14] Solche
klassischen Anspielungen beschränkte Palladio aus Gründen der
Sparsamkeit meist auf einen Gebäudeteil, den beherrschenden
Mittelteil.[15]
In der mittleren Achse befindet sich unten der Eingang, oben
eine große Balkontür, die oben mit einem Rundbogen abschließt
und vorne von einer Balustrade begrenzt wird. Die rechte und
linke Achse sind gleich gestaltet: Sie haben im Erdgeschoss
je ein Fenster mit einem Segmentbogengiebel darüber, im Obergeschoss je ein Fenster mit einem Dreiecksgiebel. Von den
vier Säulen wird ein Dreiecksgiebel gestützt, dessen Gebälk
im mittleren Abschnitt von Fruchtranken durchbrochen ist. Sie
verweisen auf reiche Ernten und Wohlstand. Außerdem wird
durch die Unterbrechung des Gebälks die Vertikale betont: Die
mittlere Achse wird so als Symmetrieachse hervorgehoben.

---

[12] ebd., S. 128 f
[13] Ackerman, 1980, S. 51
[14] Propyläen Kunstgeschichte, Bd. 8, 1970, S. 348
[15] ebd., S. 57 f

Im Fries des Gebälks sind die Namen der Brüder Barbaro einge-
meißelt: Auf der linken Seite Daniele, auf der rechten Seite
Marcantonio, der kein Geistlicher war, sondern in venezianischen Amtsgeschäften eine führende Rolle spielte.[16] Er und
sein Bruder Daniele entwickelten gemeinsam das ikonographi-
sche Programm des plastischen Schmucks und der Innenausstattung der Villa.[17]

Die Dreiecksfläche des Giebels bietet Raum für das Wappen der
Barbaro und weiterer plastischen Schmuck, der Alessandro Vittoria (*1525 in Trient, †1608 in Venedig) zugeschrieben wird.
Vittoria war ein italienischer Bildhauer, der häufig mit Palladio zusammen arbeitete. Die Flussgötter und Quellnymphen
verweisen auf das, was hinter dem Herrenhaus liegt: Dort ent-
springt nämlich eine echte Quelle, bei der es sich möglicherweise um eine uralte Kultstätte handelt. Diese Quelle ist in
die Gesamtanlage der Villa mit einbezogen: Das Herrenhaus ist
genau so an den sanft ansteigenden Hügel gebaut, dass sich
das Obergeschoss nach hinten zur Quelle hin öffnet. Dort befindet sich ein Nymphaeum, ein Quellheiligtum.

Man betritt die Villa durch die Eingangstür im Erdgeschoss,
wo sich die Empfangshalle befindet, geht die Treppe hinauf,
wo sich die kreuzförmige und überwölbte sala befindet (der
repräsentative Hauptsaal), die sich zur Rückseite des Hauses
zum Nymphaeum hin öffnet. Das Herrenhaus ist also nach vorne
hin zweigeschossig, nach hinten nur eingeschossig. Die Einbe-
ziehung der landschaftlichen Gegebenheiten in die ganze Architektur ist hier in Vollkommenheit erreicht.

3.2 Das Nymphaeum

Die Anlage eines Nymphaeums ist durch die Villa Giulia in Rom
beeinflusst, die von Giacomo Barozzi da Vignola (*1507 in
Vignola, †1573 in Rom) stammt. Barozzi war an der Vitruv-
Ausgabe der vitruvianischen Akademie in Rom beteiligt, folg-

---

[16] Wundram/Pape, 1988, S. 128 f
[17] Puppi, Bd. 1, 1977, S. 141

lich hatte er einen ähnlichen humanistischen Hintergrund wie Palladio.[18] Naturgottheiten spielten in der Antike eine große Rolle, Wasser als lebensspendende Kraft gehörte zum Programm des Lustgebäudes.

Das Nymphaeum ist halbkreisförmig angelegt. Andrea Palladio beschreibt 1570 seine Funktion folgendermaßen: „Dieser Brunnen bildet einen Teich, der zum Fischen dient. Von hier aus teilt sich das Wasser. Es fließt in die Küche und dann, wenn es die Gärten, die links und rechts von der zum Haus hin langsam ansteigenden Straße liegen, bewässert hat, in zwei Tränken, die sich an der öffentlichen Straße befinden. Von hier aus bewässert es den Küchengarten, der sehr groß und voll ausgezeichneter Früchte ist und wo auch verschiedene Wildarten gehalten werden."[19]

Der plastische Schmuck des Nymphaeums wird ebenfalls Alessandro Vittoria und seiner Schule zugeschrieben. Es wiederholt sich hier das Fruchtbogenmotiv des Giebels der Herrenhausfassade und es gibt zahlreiche Skulpturen von Flussgöttern und Quellnymphen. Da die Skulpturen aber deutliche Unstimmigkeiten aufweisen (zu große Köpfe der Hauptfiguren, etc.), nimmt man an, dass Marcantonio Barbaro, der „Hobbybildhauer" war, an der Ausführung maßgeblich beteiligt war. Dies ist ein wenig schade und hat wohl auch nicht Palladios Zustimmung gefunden.[20]

3.3 Die Wirtschaftsflügel

Die Wirtschaftsflügel rechts und links des Herrenhauses sind genau symmetrisch angelegt. Wie schon gesagt, treten sie deutlich hinter das Herrenhaus zurück. Sie bestehen aus je einem Querhaus, das im rechten Winkel zum Herrenhaus steht und das mit einem durch je fünf Bogenstellungen abgeschlossenen Laubengang ausgestattet ist. Diese Loggien verbergen die

---

[18] Propyläen Kunstgeschichte, Bd. 8, 1970, S. 348
[19] Wundram / Pape 1988, S. 128.
[20] ebd.

Wirtschaftsflügel als wichtige, aber weniger edle Teile der
Villa und gewährleisten gleichzeitig Kühle im Sommer.

3.4 Die Columbarien

Flankiert werden die Wirtschaftsflügel von je einem Columba-
rium (Taubenhaus). Der Laubengang wird hier mit drei Bögen
weitergeführt, deren Öffnungen in etwa die gleichen Maße aufweisen, wie die fünf der Wirtschaftsflügel. Ihre je vier
Pfeiler sind jedoch breiter und mit Nischen für Skulpturen-
schmuck ausgestattet. Über dem mittleren Bogen befindet sich
je ein Taubenhaus mit Giebeldach, das im rechten Winkel zu
den angrenzenden Wirtschaftsflügeln steht, also wieder paral-
lel zum Dach des Herrenhauses. Im Giebeldreieck der Fassade
sind je ein kreisrundes Einflugloch für die Tauben. Vom Gie-
bel abwärts bis zur Höhe der nur eingeschossigen Wirtschaftsflügel sind je zwei viertelkreisförmige Blendbögen ange-
bracht, die den Unterschied der Breite der schmaleren Taubenhäuser gegenüber den je drei Arkadenbögen überbrücken. Die
Fassaden der Columbarien treten als Risalit leicht vor die
der Wirtschaftsflügel.
Auf den Fassaden der Taubenhäuser ergibt sich eine quadrati-
sche Fläche, die nach oben durch den Dreiecksgiebel, nach
rechts und links durch die Blendbögen, nach unten durch das
Gebälk der Arkaden begrenzt wird. Dort ist je eine runde Son-
nenuhr eingefügt, die mit den astrologischen Symbolen der
Tierkreiszeichen geschmückt ist. Ein Mitglied der Familie
Barbaro, Ermolao Barbaro, hatte ein astrologisches Traktat
über den Einfluss der Gestirne auf das menschliche Leben ver-
öffentlicht.

3.5 Die Innenausstattung

Die Innendekoration des Herrenhauses ist von Paolo Veronese
(*1528 in Verona, †1588 in Venedig) gestaltet und wird auf
1560/62 datiert. Mit bürgerlichem Namen hieß er Caliari. Er

war italienischer Maler, der von Tizian, Correggio und Parmi-
gianino angeregt war und gilt als Bewahrer wichtiger Züge der
italienischen Hochrenaissance. Die Ausstattung der Villa Barbaro ist eines seiner Hauptwerke und ist nicht ganz unum-
stritten.[21] Er schuf illusionistische Motive mit gemalten Türen neben echten Türen, mit gemalten Landschaftsausblicken
neben echten, mit sehr viel gemalter Architektur, die nicht
unbedingt zum Stil von Palladios Architektur passt. Es handelt sich bei der von Veronese gemalten um üppige, prunkvolle
Architektur, z. B. die composite Säulenordnung. Veronese
setzte zusätzlich zur gemalten Architektur stuckiertes Gebälk
ein, um die Illusion perfekt zu machen, das wiederum nichts
mit Palladios Gebälk zu tun hat, sondern viel prunkvoller
ist. All dies betont insgesamt mehr das Herrschaft-
lich/Aristokratische der Villa, während Palladio ein Mann der
Schlichtheit und Funktionalität war. Ihm ging es mit Sicherheit mehr um die „santa agricoltura", um ein Gleichgewicht
von Nutzen und Zierde. Dieses Gleichgewicht gerät durch Vero-
neses Fresken, auch wenn sie sehr schön sind, ins Wanken. Die
Villa wird dadurch doch eher in Richtung „Landschloss" gezo-
gen und verliert ein wenig von ihrem Landgutcharakter. Wie
Palladio wirklich dazu stand, ist unklar, denn er schwieg zu
diesem Thema. Er lässt in seiner Beschreibung der Villa Barbaro in den Quattro Libri die Innenausstattung einfach uner-
wähnt. Ob man das als Missbilligung deuten soll oder ob er
die Innenausstattung schlicht zu erwähnen vergaß – wer kann
das heute schon mit Sicherheit sagen.[22] Jedenfalls hatte Palladio wohl eine wenig dogmatische Einstellung zur Innenausstattung einer Villa. Er meinte zwar, dass der Architekt zu
diesem Thema gehört werden solle, aber dass die Innenausstattung letztlich Sache des Bauherren sei. Über die Gestaltung
der Decken beispielsweise sagt er in den Quattro Libri: „Man
schmückt sie auf unterschiedliche Weise, und so kann man kei-

[21] Boucher, 1994, S. 152-156; Puppi, Bd. 2, 1977, S.316
[22] Boucher, 1994, S. 152-154

ne festen und verbindlichen Regeln dafür angeben."[23] Immerhin
ist die sala kreuzförmig und überwölbt, also ein anspruchs-
voller Raum, der auch anspruchsvolle Fresken in Würde tragen
kann.

3.6 Zusammenfassung

Zusammenfassend kann man sagen, dass die Brüder Barbaro in
dieser Villa drei Lebensbereiche miteinander verknüpfen wollten:
1. Die Villa als Landgut
2. Die Villa als herrschaftliche Residenz
3. Die Villa als sakraler Tempel des heiligen Ackerbaus, als
verwirklichtes Ideal humanistischer Ideen; die in der Litera-
tur viel zitierte Verwirklichung christlicher Ideen scheint
bei genauerem Hinsehen wenig haltbar, da jegliche christliche
Ikonographie fehlt. Dies ist für unser heutiges Verständnis
zwar etwas eigenartig, da Daniele immerhin ein hochrangiger
Geistlicher war, ist aber für die damalige Zeit völlig nor-
mal. Im 15. und 16. Jahrhundert sah man vieles nicht so eng
wie heute. Auch in der Musik wurde oft irdische Liebe mit
christlicher Liebe zu Gott oder zu Maria gleichgesetzt, so
dass es sogar Messen gab, denen Melodien weltlicher Chansons
zugrunde lagen (z. B. die „Missa se la face ay pale" von
Guillaume Dufay anlässlich einer Savoyenhochzeit im Jahr
1452). Wenn die Villa Barbaro überhaupt nur irgendetwas
Christliches an sich haben sollte, dann bestenfalls indirekt;
vielleicht könnten christliche Paradiesvorstellungen in die
Vorstellung eines Arkadien mit hinein gespielt haben.
Ich denke, dass den Brüdern Barbaro der dritte Punkt der
Wichtigste war. Dies kommt im plastischen Schmuck und bei der
Innenausstattung zum Ausdruck, Dinge, die die Brüder Barbaro
in Eigenregie ohne Palladio gestaltet haben bzw. gestalten
ließen.

---

[23] ebd., S. 156

4 Palladios architektonische Prinzipien und ihre Anwendung auf die Villa Barbaro

Die vielen Einflüsse, die Palladio während seiner Studien und auch während seines ganzen Lebens aufgriff, wurden von ihm zu einem eigenen Kanon architektonischer Grundprinzipien zusammengefasst, auf die ich im Rahmen dieser Arbeit leider nicht umfassend eingehen kann. Um zu einem besseren Verständnis der Villa Barbaro beizutragen, soll im Folgenden aber doch auf das Wichtigste hingewiesen werden.

4.1 Das Gebäude als Organismus

Palladio sah die Villa als Körper an: schöne und edle Teile sollten sichtbar sein, unedle, aber wichtige Teile sollten verborgen werden.[24] Dies ist bei den Wirtschaftsflügeln der Villa Barbaro verwirklicht, indem die Fassaden der Stallungen von Arkaden verborgen werden. Die Wirtschaftsgebäude sind also nicht sofort als solche zu erkennen. Die Glieder einer Villa sind symmetrisch auf ein Rückgrat bezogen und konnten deswegen von der Mittelachse aus nach außen gebaut werden. Dies hatte den praktischen Nutzen, dass man jeweils das, was man sich leisten konnte, hinzufügen konnte. Hier wird wieder eine Analogie zum menschlichen Körper gesetzt: auch der menschliche Körper ist symmetrisch.[25] Das Schema, dem Palladios Villen folgen, ist der Mittelteil, der sich um die Zufahrt herum aufbaut mit zwei symmetrischen Flanken.[26] Auch bei der Villa Barbaro bildet das Herrenhaus das Rückgrat der ganzen Anlage, von dem aus symmetrisch nach rechts und links gebaut wurde. Finanzielle Gründe sind jedoch hier auszuschließen, da die Brüder Barbaro sehr wohlhabend waren und sich den Bau ohne Weiteres leisten konnten.

4.2 Die Proportionslehre

Außerdem arbeitete Palladio nach einer ausgeklügelten Proportionslehre. Er übertrug Intervallverhältnisse der Musik auf die Maße seiner Bauwerke. Dieses Wissen um die Verbindung von Architektur und Musik geht auf Pythagoras zurück:[27] Wenn man die Saite eines Monochords in der Mitte heruntergedrückt, ergibt sich das Verhältnis 1:1, der Tonhöhenunterschied beträgt dann genau eine Oktave. Das Verhältnis 2:3 ergibt eine Quinte, 3:5 eine große Sexte, etc. Diese Größenverhältnisse machte Palladio in seinen Bauwerken sichtbar. Die Proportionen

---

[24] Ackerman, 1980, S. 41
[25] ebd., S. 44
[26] ebd., S. 135
[27] ebd., S. 140

15

der Villa Barbaro, die sich durch die Anzahl der Achsen erge-
ben, sind:

3		5		3		5		3
Colum-barium	:	Wirtschafts-flügel	:	Herren-haus	:	Wiortschafts-flügel	:	Colum-barium

Palladio thematisiert folglich hier das Verhältnis 3:5, das,
wie oben schon beschrieben, die große Sexte darstellt. Dies
ist ein im strengen kontrapunktischen Satz als harmonisch
geltendes Intervall, das in der Musik des fünfzehnten und
sechzehnten Jahrhunderts oft zum Einsatz kam. Es durfte auch
auf betonter Zählzeit und bis zu vier Mal hintereinander ver-
wendet werden. Die Proportionen dieser Villa sind also ein
Stück sichtbar gemachter Klang ganz im Sinne quadrivialer
Vorstellungen der Sphärenharmonie.

4.3 Die Verbindung von Sinnlichkeit und Intellekt

Typisch für Palladio ist die Verbindung von Sinnlichkeit und
Intellekt. Wohldurchdachte Proportionen, ausgeklügelte con-
cetti und menschliche Bedürfnisse wurden von ihm meisterhaft
zusammengefügt. So ist auch die Villa Barbaro mit ihrem als
Quellheiligtum angelegtem Programm, mit ihren musika-
lisch/mathematischen Proportionen (Musik galt damals als an-
gewandte Mathematik!), mit ihrer Funktionalität und ihrer
repräsentativen Ausstrahlung sowohl ein ausgeklügeltes Kunst-
werk als auch ein Landhaus zum Wohlfühlen und Entspannen.
Das Zusammentreffen von Intellekt und Sinnlichkeit ist von
großer Bedeutung für die Schaffung eines Arkadien, dem Ideal
einer Villa. Diesem Ideal sind Palladio und seine Auftraggeber, die Brüder Barbaro, meiner Meinung nach beim Bau der
Villa Maser sehr nahe gekommen.

Literatur

Ackerman, James S., *Palladio*, Stuttgart 1980

Boucher, Bruce, *Palladio. Der Architekt in seiner Zeit*, München 1994

Kaufmann, Georg, *Propyläen Kunstgeschichte. Band 8. Die Kunst des 16. Jahrhunderts*, Frankfurt am Main, Berlin und Wien 1970

Kinder, Hermann / Hilgemann, Werner, *dtv-Atlas Weltgeschichte. Band 1. Von den Anfängen bis zur Französischen Revolution*, München 2000

Olbrich, Harald (Hg.), Art. *Vitruv*, in: *Lexikon der Kunst*, Bd. VII 1994, S. 648-650

Olbrich, Harald (Hg.), Art. *Villa*, in: *Lexikon der Kunst*, Bd. VII 1994, S. 633-635

Puppi, Lionello, *Palladio. Das Gesamtwerk*, Stuttgart 1977, S. 136-145 (Bd. I), S. 313-317 (Bd. II)

Wundram, Manfred / Pape, Thomas, *Andrea Palladio. 1508-1580. Architekt zwischen Renaissance und Barock*, Köln 1988